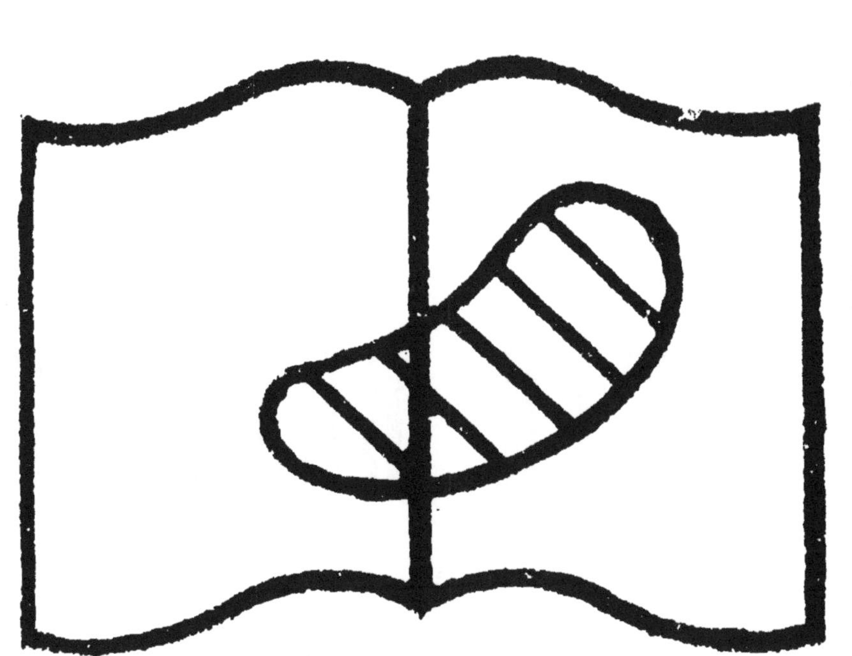

VALABLE POUR TOUT OU PARTIE DU
DOCUMENT REPRODUIT

Louis GUIBERT

LA DETTE BEAUPEYRAT

LIMOGES

Vve DUCOURTIEUX, rue des Arènes

1888

DETTE BEAUPEYRAT

Dans sa séance du 23 mars 1858, le Conseil municipal de Limoges, après avoir entendu la lecture d'un rapport concernant le plan d'alignement de la rue des Quatre-Chemins et d'une partie de celle des Argentiers, exprimait le vœu que la première de ces rues, à l'avenir, s'appelât rue Pétiniaud-Beaupeyrat, « en » souvenir de l'administrateur dévoué, qui, à » une époque calamiteuse, ne craignit pas, » dans l'intérêt de sa ville natale, d'engager » et de compromettre toute sa fortune person- » nelle. »

Huit ans après, à la réunion du 8 août 1866, un conseiller municipal rappela aux membres de l'assemblée élue en 1865 le vote de leurs devanciers et en obtint la confirmation. L'autorisation nécessaire fut demandée et la rue des Quatre-Chemins prit, à partir de ce moment, le nom de rue Pétiniaud-Beaupeyrat.

A une époque où les vrais dévouements se font de plus en plus rares, dans un temps où la plupart des hommes publics n'ont, chose triste à dire, du désintéressement que l'appa-rence, du patriotisme que les grands mots et les élans sans danger, il nous a paru utile de rappeler à nos concitoyens un trait de généro-sité qui peut être, à juste titre, proposé en exemple. C'est rendre service au pays, que de remettre en lumière un dévouement et une infortune trop oubliés aujourd'hui : l'une et l'autre qui avaient droit pourtant, ce nous sem-ble, à un plus long souvenir.

I

Nous avons fait connaître, dans un travail publié il y a peu d'années (1), avec quelle in-tensité la crise alimentaire sévit à Limoges en 1789. La province tout entière se trouvait sans approvisionnements, les grains en magasins ayant été dirigés sur des contrées plus misé-rables encore. Presque toutes les récoltes avaient manqué et la population était littéra-lement menacée de mourir de faim.

Ce fut dans ces circonstances que le Corps municipal et le Conseil politique de la ville de Limoges, assemblés le 1er juillet 1789 pour proposer au roi, conformément aux arrêts du Conseil des 11 décembre 1780 et 3 avril 1789, des candidats à la charge de maire, alors va-

(1) Journal la *Discussion*, mois d'octobre 1871. — Quelques pages de l'Histoire de la Révolution à Limoges : La crise des subsis-tances et les emprunts révolutionnaires.

canté, présentèrent en première ligne M. Jean-Baptiste-Joseph Péliniaud de Beaupeyrat fils, écuyer.

On ne pouvait faire un meilleur choix, et la ville entière en accueillit avec faveur l'annonce ; car tout le monde partageait les sentiments d'estime qui l'avaient dicté. M. Péliniaud de Beaupeyrat était parfaitement au courant des affaires communales et pouvait mieux que personne les diriger de la façon la plus conforme aux intérêts de tous. Membre, depuis plusieurs années, du Conseil politique, il avait été nommé échevin en 1785, et depuis quatre ans il remplissait avec zèle les devoirs de sa charge.

Jean-Baptiste Péliniaud de Beaupeyrat était né le 16 novembre 1741, de Jacques Péliniaud et Jeanne Malevergne. Il appartenait à une des familles les plus riches et les plus considérées du pays. Son père, bourgeois de Limoges, négociant, s'était rendu acquéreur d'une charge de secrétaire du roi, qui l'avait anobli. A l'époque où Turgot fut nommé intendant de notre généralité, Jacques Péliniaud remplissait à la fois les fonctions de premier consul de la ville, premier juge de la Bourse et premier administrateur de l'hôpital. Il harangua, à son entrée dans la capitale de la province, le nouvel intendant ; celui-ci apprécia bien vite les rares qualités, l'expérience, la haute valeur de Jacques Péliniaud, qui devint le conseiller le plus écouté du bienfaiteur du Limousin et resta un de ses plus fidèles amis.

Jacques Péliniaud, outre ses affaires de banque, faisait un commerce considérable de droguerie et de denrées coloniales. Il voulut

que son fils s'habituât, très jeune, à l'aider
dans la conduite de sa maison, à le rempla-
cer quand il était absent. Jean-Baptiste, qui
avait une intelligence vive, en même temps
qu'un grand amour du travail, devint, de fort
bonne heure, un négociant consommé. Lors
du mariage du jeune homme, son père l'asso-
cia à son commerce ; il lui en laissa plus
tard la direction.

Jean Baptiste fut, à plusieurs reprises
juge au tribunal de commerce, à la Bourse,
comme on disait alors. Il y siégeait en cette
qualité en 1785, lors de sa nomination aux
fonctions d'échevin, et il stipula, en accep-
tant celles-ci, qu'il ne serait tenu d'aucune
affaire de police pendant la durée de sa judi-
cature.

Il avait épousé, en 1772 (1) la fille d'un homme dont le dévouement à ses concitoyens,
signalé par Turgot au roi, fut récompensé du
cordon de Saint-Michel. M. Ardant de la Grai-
nerie, en 1775, dans un moment de crise alimentaire, acheta sous sa seule responsabilité,
une quantité considérable de grains, et sauva
Limoges des horreurs de la famine. Son gendre se rappela ce noble exemple, et il ne faillit pas au devoir que lui traçait un aussi ho-
norable souvenir.

Tel était l'homme que les membres du conseil municipal désignaient au roi pour être mis
à leur tête. — Nommé maire par ordonnance
du 5 août 1789, M. Pétiniaud de Beaupeyrat

---

(1) Ce fut lors de ce mariage que M. Pétiniaud père donna à son fils la propriété de
Beaupeyrat, dont celui-ci prit le nom.

fut installé dans ces fonctions le 24 du même mois.

II

Les temps étaient difficiles et la sollicitude de l'administrateur consciencieux ne trouvait que trop de sujets. Des désordres avaient éclaté à Limoges, et les inquiétudes que causait à la population la pénurie plus encore que le haut prix des subsistances, pouvaient, au moindre incident, se traduire par de nouvelles émeutes. Il y avait beaucoup de misère, et la malveillance, comme toujours, l'exploitait.

A peine le nouveau maire était-il entré en fonctions qu'il dut s'occuper des moyens à prendre pour remplir les greniers de la ville. Des mesures avaient déjà été arrêtées par le Corps de ville à la séance du 23 mai 1789 ; mais les achats de grains effectués en vertu de sa délibération à l'aide des fonds disponibles de la caisse municipale, ne suffisaient pas à remplir pour bien longtemps les greniers de la commune. La demande de secours qu'on avait adressée au gouvernement demeurait sans réponse. Le mal étant général, l'État se trouvait impuissant à y remédier.

M. de Beaupeyrat avait dans tous les grands ports de l'Europe des correspondants sûrs, et son crédit était illimité. Mettant à profit ses relations commerciales et couvrant la ville de sa propre responsabilité, il fit venir du Nord plusieurs cargaisons de grains. Toutefois, comme la caisse de la commune était vide et qu'il avait agi spontanément et avec la seule adhésion des membres du Comité des subsistances, sans en référer au Corps municipal, il jugea utile de réunir ce dernier pour lui exposer combien était critique la situation, lui faire part de deux délibérations du Comité des subsistances et du comité patriotique tendant à ce qu'il fût opéré de nouveaux achats de grains, l'inviter enfin à créer les ressources nécessaires pour subvenir aux dépenses que les circonstances allaient imposer à la ville.

Le Corps municipal, réuni le 19 septembre, décida qu'un emprunt de 200,000 livres serait ouvert et invita les citoyens aisés à souscrire immédiatement ; mais à l'unanimité il supplia M. de Beaupeyrat « de vouloir bien continuer » ses bons offices et son crédit pour procurer » à la ville les grains dont elle avait besoin » pour sa subsistance ; » en conséquence, il l'autorisait « à demander et à faire venir, de » l'avis du Comité général, les cargaisons susdites et toutes autres que besoin serait, la » municipalité s'obligeant de le garantir de » tout et de lui rembourser tant le prix des » achats qu'il aurait faits que tous faux frais » et avaries y relatifs. »

Tous les biens des habitants de la ville, bourgeois, nobles, ecclésiastiques, sans exception, étaient affectés à la garantie de l'emprunt, qui devait être remboursé avec les sommes provenant de la revente des grains et celles qu'on espérait obtenir de l'Etat, à titre de secours. En cas d'insuffisance de ces ressources, la municipalité recourrait à une imposition extraordinaire sur tous les habitants, imposition dont le produit serait employé « *uniquement* et *de suite* » à payer aux prêteurs le capital et les intérêts de leur créance.

En ce qui concernait spécialement les avances personnelles du maire, le receveur de la

commune était autorisé à acquitter, à l'aide
des sommes provenant de la souscription,
« tous les mandats qui seraient tirés sur lui
» par M. de Beaupeyrat au fur et à mesure des
» payements à faire pour l'approvisionne-
» ment. »

Enfin, toutes les mesures d'urgence prises
jusqu'à ce moment étaient ratifiées.

Cette délibération, qui reçut l'approbation
de l'intendant, fut, six mois plus tard, le 25
mars 1790, confirmée par le Conseil général
de la commune qui venait d'entrer en fonctions ; un décret du 23 avril, sanctionné par
lettres patentes du roi, du 2 mai, régularisa
les opérations de l'emprunt et les titres des
créanciers de la ville de Limoges.

Mais la commune, à l'extérieur, était sans
relations ni crédit. Elle n'eût pu acheter qu'au
comptant, et il ne lui était pas possible de
réaliser immédiatement une somme assez importante pour payer sur-le-champ les achats
qu'il s'agissait d'opérer dans un bref délai.

M. de Beaupeyrat, n'écoutant que son zèle
pour les intérêts publics et sa pitié pour ses
malheureux concitoyens, se dévoua tout en-
tier à son œuvre de patriotisme et de charité,
traita en son nom avec les négociants étrangers, s'obligea personnellement. Le Comité
patriotique et le comité des subsistances lui
remirent tous leurs pouvoirs et ne s'occupèrent
que du transport par terre, de l'emmagasinage,
ainsi que de la vente des grains. L'activité du
maire fut à la hauteur des circonstances ; il
fit venir successivement d'Amsterdam, de
Hambourg, de Waterford, de Marans, de Dunkerque, de Riga, de Dantzig, environ 84,900
setiers (42,450 hectolitres) de grains et une

quantité de farines évaluée à 2),500 kilogrammes (1).

La dépense totale s'éleva à 717,846 liv. 8 s. 3 d. (2). Les greniers de la ville furent remplis, et, complètement rassurée contre toute éventualité de disette, la population rentra dans son calme habituel.

Lors de la reconstitution des corps municipaux par l'élection, M. Péliniaud de Beaupeyrat fut é u maire par 457 voix sur 683 suffrages exprimés (3 février 1790).

Le résultat de ce scrutin prouve que, malgré les immenses services rendus à la commune par M. Péliniaud de Beaupeyrat, dans cette population, sauvée par lui de la famine, se trouvaient bien des ingrats. Il convient d'ajouter qu'il existait dès longtemps de graves inimitiés entre le maire et plusieurs personnages de la ville, jaloux de son influence et de sa fortune. Ces inimitiés s'envenimèrent par suite des dissentiments politiques et des rivalités passionnées qui signalèrent à Limoges les débuts de la Révolution.

---

(1) Rapport du préfet de la Haute-Vienne, du 16 novembre 1816. C'est le seul document qui fournisse l'indication de ces quantités.

(2) Nous trouvons ce chiffre répété dans deux délibérations du Directoire du district de Limoges, relatives aux comptes produits par M. de Beaupeyrat.

Dans un mémoire manuscrit, qui fait partie d'un dossier fort intéressant, relatif à la famille Péliniaud, et dont nous devons la communication à l'obligeance de M. Astaix, l'ancien maire de Limoges s'exprime ainsi :

Cependant M. de Beaupeyrat ne bornait pas ses soins à l'approvisionnement des greniers communaux. Sa sollicitude s'étendait à tous les intérêts de la ville; et il n'en négligeait aucun. Il fit énergiquement valoir les titres de Limoges à être le siège du tribunal supérieur du ressort, et, malgré les difficultés que suscita à ce sujet à l'administration, la bourgeoisie remuante de quelques districts, il réussit à obtenir la reconnaissance des droits de la ville. Il prit des mesures pour réprimer la contrebande du tabac. Sur sa proposition, il fut décidé que la commune ferait soumission d'acquérir tous les biens ecclésiastiques situés sur son territoire.

La garde nationale, justifiant dès lors les prévisions de Mirabeau, oubliait à tout instant son rôle pour intervenir dans les questions politiques ; elle demandait qu'on exigeât de tous les citoyens, notamment des ecclésiastiques, une adhésion par écrit aux décrets de l'Assemblée ; elle réclamait en même temps la suspension de la feuille hebdomadaire qui se publiait à Limoges. Sous l'inspiration du maire, le corps municipal, tout en consentant à transmettre à l'Assemblée copie de la pétition de la garde nationale, prit une délibération fort sage à ce sujet :

» Vingt-neuf cargaisons, extraites d'Amsterdam, de Dantzig, de Hambourg, de Riga, d'Irlande et de quelques-uns de nos ports maritimes, Dunkerque, Marans, formèrent l'approvisionnement et portèrent mes avances à une somme énorme en achat premier, accrue par le montant des frêts et des voitures. »

Il fit venir aussi du minot de Moissac.

« Sur le premier chef, y était-il dit, « la
» municipalité se bornerait à tâcher de main-
» tenir la paix et l'union dans la ville, et à y
» faire observer les décrets de l'Assemblée na-
» tionale sanctionnés par le roi ; sur le se-
» cond, la déclaration des Droits de l'Homme,
» reconnaissant à tout citoyen le droit d'émet-
» tre librement sa pensée, ne lui permettait
» pas de statuer. »

III

Depuis un an M. Péliniaud de Beaupeyrat
administrait la ville, lorsque les nouvelles
autorités départementales furent instituées. Le
dévouement et l'entente des affaires dont il
avait fait preuve dans l'exercice des fonctions
municipales, sa fortune, son influence, sa
grande situation, sa connaissance des intérêts
provinciaux le désignaient pour fa're partie
du Directoire de la Haute-Vienne. Il en fut
nommé membre, et ses collègues l'élurent immédiatement à la présidence.

Les fonctions d'administrateur du département étaient incompatibles avec celles de
maire : M. de Beaupeyrat résigna ces dernières dans la séance du 20 août 1790. La municipalité témoigna hautement son regret de le
perdre, en même temps que son espoir de le
voir, dans le nouveau poste où il était appelé,
continuer ses bons offices à la ville.

Cependant la souscription ouverte en vertu
des délibérations des 19 septembre 1789 et 25
mars 1790, et du décret du 23 avril suivant,
n'avait abouti qu'à un résultat insignifiant.
M. de Beaupeyrat, qui s'était personnellement
engagé, avait dû payer une partie des achats

effectués par ses soins. La plupart des mandats qu'il avait tirés sur le receveur municipal n'avaient pu, faute de fonds suffisants, être acquittés : Il se trouvait en avance de sommes énormes.

On lui en réclamait d'autres, et les embarras que lui suscitaient ces réclamations n'étaient pas sans jeter un certain trouble dans ses affaires personnelles. Le crédit du négociant commençait à souffrir des sacrifices que s'était imposés le dévouement du citoyen.

Il se décida, le 28 août, à se présenter devant les officiers municipaux, ses anciens collègues, pour leur rappeler dans quelles circonstances, sur quelles instances réitérées, il s'était fait le banquier et l'homme d'affaires de la ville. Il leur annonça qu'il déposerait prochainement entre leurs mains le compte général de ses opérations. Les factures visées par MM. Marc et Cramaille, officiers municipaux, nommés à cet effet, avaient été déjà remises à la Mairie. M. de Beaupeyrat insistait pour être remboursé le plus tôt possible, car il avait un pressant besoin des fonds dont la commune était débitrice envers lui. En attendant un règlement définitif, il demandait que le produit de la vente des grains existant soit dans les magasins de la ville, soit dans les entrepôts des ports ou des lieux de production, fût versé à sa caisse et ces grains affectés à la garantie de sa créance.

Les officiers municipaux firent droit à cette dernière requête et chargèrent l'un d'entr'eux, le sieur Cibot, de veiller à ce que rien ne sortît des greniers de la ville sans l'ordre de M. de Beaupeyrat.

Le 29 septembre, le Conseil général ratifia à l'unanimité la décision prise par les officiers

municipaux. Mais il déclara en même temps
que, pour ce qui concernait le remboursement,
il ne lui était pas possible de déférer à la demande de M. de Beaupeyrat « sans qu'au
» préalable celui-ci eût présenté et fait arrêter
» les comptes de son administration ; qu'au
» surplus, il savait par lui-même que la mu-
» nicipalité n'avait aucune ressource; qu'elle
» ne pouvait en puiser que dans une imposi-
» tion ou dans un emprunt, et que celui
» qu'elle avait été autorisée à faire n'avait pro-
» duit qu'une somme modique. »

Le 9 janvier 1791, MM. Cramaille et Marc,
chargés de la vérification du compte général
produit par M. de Beaupeyrat, déposèrent leur
rapport entre les mains des officiers municipaux.

Il était ainsi conçu :

« Messieurs,

» Nommés commissaires par vous pour
» l'examen des comptes à rendre par M. J. Pé-
» tiniaud, de l'approvisionnement en grains
» dont il avait été chargé par la commune de
» cette ville, nous nous sommes fait représen-
» ter et les originaux et les copies des pièces
» ayant trait à cette opération majeure ; nous
» avons donné toute notre attention à un tra-
» vail aussi important.

« Après avoir tout collationné et trouvé con-
» forme, nous en avons certifié l'exactitude au
» bas, tant des originaux, pour rester ès
» mains de M. J. Pétiniaud, que des copies,
» pour être déposées aux archives de l'Hôtel-
» de-ville.

» Comme commissaires, nous vous prions,
» messieurs, de vouloir faire inscrire notre

» exposé sur vos registres et nous donner acte
» de la remise que nus avons l'honneur de
» vous faire de la copie des pièces relatives
» audit compte, consistant :
  » 1° En un grand cahier où sont établis en
» détail tous les achats et frais ;
  » 2° Deux dossiers contenant les copies des
» pièces à l'appui des achats et frais ;
  » 3° Un compte séparé des ports de lettres ;
  » 4° Enfin un compte général où sont rap-
» pelées, par chapitre, les dépenses et recettes
» faites par M. Péliniaud, — pour le résidu
» duquel compte il résulte qu'après toutes im-
» putations et déductions respectivement fai-
» tes, M. J. Péliniaud se trouvait en avance, à
» la date du 30 août dernier, pour une somme
» de 267,171 livres 15 sols 3 deniers, sans
« préjudice de divers objets portés au dit comp-
« te pour mémoire seulement. »
Plusieurs ventes de grains furent faites au
profit de M. Péliniaud de Beaupeyrat. Les officiers municipaux autorisèrent notamment, en
avril 1791, l'ancien maire à faire vendre par
ses correspondants une cargaison de seigle et
d'orge débarquée à Rochefort et déposée dans
les magasins de M. Hébrée de Saint-Clément
et Cie.

IV

Au Département, M. de Beaupeyrat déploya
le même zèle pour le bien public, les mêmes
qualités d'administrateur qu'il avait fait ap-
précier pendant son séjour à la mairie.
Il s'employa de nouveau à l'étranger pour
faciliter les achats de grains effectués pour le
compte du département, à l'aide de l'allocation
de 200,000 livres accordée aux administrateurs

de la Haute-Vienne. Il se montra constamment modéré, juste, attaché à ses devoirs, ennemi des excès contre lesquels il s'éleva courageusement en toute occasion.

De pénibles tiraillements se produisirent au sein du Directoire du département.

M. de Beaupeyrat contenait, par son influence sur la plupart de ses collègues, l'action de quelques membres d'idées fort avancées ; mais quand il était absent, ces derniers donnaient un libre essor à leurs aspirations. On profitait des séances où ne se trouvait pas le président, pour faire passer les motions hostiles au culte, aux couvents, aux prêtres inconstitutionnels. Ces décisions, qui froissaient M. de Beaupeyrat dans ses sentiments les plus intimes, provoquèrent parfois de violentes altercations.

A une des dernières séances qu'il présida, celle du 5 novembre, il insista vivement pour que le Directoire autorisât le libre exercice des cultes par les citoyens et les associations religieuses, et que les églises ou chapelles, provisoirement fermées par un arrêté du département, fussent rendues à leur destination. Il obtint gain de cause, mais grâce seulement à sa qualité de président et à la prépondérance attachée à son vote.

Bien que ses idées à cet égard fussent connues de tout le monde, ses ennemis ne laissèrent pas de lui attribuer le retard apporté par le Directoire départemental à la réouverture de l'église de St-Thomas-d'Aquin (aujourd'hui Ste-Marie), désignée pour être le siège d'une des quatres paroisses qui devaient être conservées à Limoges. Le 7 août 1791, une foule menaçante envahit la cour du Département, réclamant à grands cris l'expédition d'un arrêté rendant cet édifice au culte ; M. de Beaupeyrat ne se trouvait pas en ce moment au Directoire. Le secrétaire général se rendit à son domicile pour lui faire part de ce qui se passait. Il rapporta une réponse écrite dans laquelle le président disait que l'arrêté était pris, mais qu'il avait à le faire régulariser avant de pouvoir en délivrer une expédition. Cette réponse ne satisfit pas la foule, qui se porta devant la maison de M. de Beaupeyrat. Celui-ci dut sortir, escorté par deux officiers municipaux, qui le défendaient des insultes d'une populace exaspérée, et se rendre au Département où étaient déjà assemblés les membres du Directoire. Un détachement de garde nationale, placé au bas de l'escalier, réussit à empêcher la foule d'envahir l'hôtel. Après une courte délibération, le procureur général syndic parut à une fenêtre et annonça que l'arrêté autorisant la réouverture provisoire de Saint-Thomas d'Aquin allait être immédiatement expédié. La foule consentit enfin à se retirer.

Les adversaires déclarés du président du Directoire, le Procureur Général syndic surtout, paraissent n'avoir pas été complètement innocents de cette émotion populaire, dont les registres de la municipalité ne nous ont gardé qu'un procès-verbal fort atténué. Quoi qu'il en soit, les ennemis de M. de Beaupeyrat réussirent à faire passer celui-ci pour l'inspirateur de la conduite du Département dans cette circonstance, et leurs calomnies enlevèrent en peu de temps à l'ancien maire de Limoges la popularité qu'il avait conservée jusqu'alors.

Quelques jours après, des ordres très sévères furent adressés aux Directoires touchant la vente des biens réputés nationaux. Ne voulant pas se rendre complice de certaines spoliations, attristé d'ailleurs par le succès qu'obtenaient auprès du public les manœuvres de ses ennemis; M. de Beaupeyrat résigna, malgré les instances de tous les honnêtes gens, le mandat d'administrateur du département.

A partir du 13 novembre, il ne parut plus aux séances du Directoire ; mais il jouissait encore d'une certaine influence. Six jours après, le 19 novembre, les électeurs de Limoges lui donnaient une preuve nouvelle de leur estime et de leur gratitude, en le nommant notable adjoint au corps municipal, et il sortait le premier de toute la liste, qui contenait douze noms. Il fut installé le 20.

V

M. Naurissart, directeur de la Monnaie, remplissait alors les fonctions de maire de Limoges. Il était l'ami de M. de Beaupeyrat, et tous deux soutenaient vigoureusement la lutte contre les hommes de désordre ; mais M. Naurissart était, depuis quelque temps, devenu fort impopulaire : le corps municipal subissait son ascendant, non toutefois sans tiraillements et sans résistance ; la garde nationale, qui était travaillée par les meneurs du parti démagogique, suscitait sans cesse des difficultés nouvelles à la Municipalité On avait répandu le bruit que les officiers et ouvriers de la Monnaie, qui étaient connus pour leur royalisme, avaient reçu des armes, et qu'un mouvement réactionnaire devait incessamment éclater à Limoges sous la direction du maire lui-même. Un incident sur lequel nous n'avons que les indications fort incomplètes données par les procès-verbaux de la Commune, hâta un éclat qui ne pouvait d'ailleurs être bien longtemps retardé.

Les commissaires successivement envoyés dans les départements voisins avec ordre d'acheter des grains pour le compte de la Commune, avaient formulé les uns contre les autres, dans leurs mémoires ou rapports, des imputations d'une certaine gravité.

Les deux derniers notamment, MM. Ganny et Begougne, avaient engagé une vive polémique avec leurs prédécesseurs, MM. Garaud et Mallet et avaient formellement déclaré qu'ils entendaient rendre leurs comptes non devant la municipalité, mais devant tous leurs concitoyens assemblés et en présence de MM. Mallet et Garaud.

La municipalité, sans doute pour éviter de surexciter les esprits, répondit aux deux commissaires qu'elle seule les ayant délégués, a elle seule il appartenait d'examiner leurs comptes.

Une partie de la population prit fait et cause pour les uns, une partie pour les autres ; on se passionna, on fit d'une question d'affaire une question de personnes d'abord, puis une question de politique. Certaines excitations perfides aidant, l'effervescence devint assez inquiétante pour que le corps municipal et le conseil général, qui avaient, le 26 février 1792, publié une proclamation exhortant la population au calme et interdit les rassemblements, jugeassent nécessaire de faire protéger le lieu de leurs séances par la force armée, le soir fixé pour la reddition des comptes de MM. Begougne et Ganny.

Ceux-ci insistaient, pour être entendus dans une assemblée générale de citoyens. Comme leur but n'était pas seulement de se justifier, mais d'incriminer aussi à leur tour la conduite de Garaud et de Mallet, le corps municipal, sur les observations de M. Naurissart, vivement appuyées par M. Pétiniaud de Beaupeyrat, maintint sa première décision. Le bruit se répandit dans la population que M. Naurissart voulait assurer l'impunité a deux de ses partisans et étouffer une affaire dans laquelle il pouvait se trouver lui-même compromis.

Les têtes se montent. Des groupes se forment sur divers points de la ville et surtout sur la place du Département. Le 27, à deux heures, on vient annoncer à la municipalité qu'il existe un rassemblement d'ouvriers armés à la Monnaie, et que la garde nationale, inquiète de cette démonstration, veut à son tour prendre les armes.

M. Naurissart demande que des commissaires soient sur le champ envoyés à la Monnaie, pour constater la fausseté de cette rumeur ; on trouve les ouvriers occupés à leurs travaux habituels. L'hôtel est visité de fond en comble, on n'y découvre rien de suspect : pas une arme, pas un papier.

Le corps municipal resta en séance dans l'après-midi. Une foule compacte se pressait aux abords du lieu de la réunion, elle menaçait d'enfoncer les portes. La garde nationale réussit à les défendre.

Mais, pendant ce temps, la salle des séances du Directoire départemental avait été envahie par des hommes armés, et, cédant à la pression de la foule menaçante, le Département et le District prenaient une délibération aux termes de laquelle les comptes de Ganny et de B.-gougne seraient rendus devant ces deux corps réunis à la municipalité et à un certain nombre de délégués de la garde nationale (6 par compagnie). La foule, dont la plus grande partie était restée dehors, ne se retira que très avant dans la nuit.

La séance annoncée eut lieu : elle fut orageuse. Le maire, froissé des soupçons dont il avait été l'objet et de la décision que les Directoires du département et du district s'étaient laissé arracher, n'y assista pas ; ses amis ne s'y rendirent pas non plus. On constata aussi l'absence de MM. Mallet et Garaud.

Le 28 février, nouvelle alerte. On parlait d'un mouvement contre-révolutionnaire qu'on annonçait comme imminent. La garde nationale s'émut : le colonel vint déclarer que le bruit de l'existence d'un dépôt d'armes, cette fois dans la maison de M. Naurissart, prenait une consistance telle que ses hommes étaient déterminés à visiter cette maison pour s'assurer de la vérité du fait. La municipalité requise de s'y transporter, délégua deux de ses membres pour procéder à la perquisition, assistés du colonel. Malgré tout le soin qu'on apporta dans ces recherches, cette fois encore on ne découvrit rien de suspect.

Pendant ce temps la foule s'était amassée à la porte ; elle s'écoula désappointée en apprenant le résultat de la visite domiciliaire. La garde nationale exigea que le mai traditionnel planté devant la porte du maire, fût coupé ; elle l'abattit elle-même, et les officiers municipaux , craignant qu'une intervention intempestive ne provoquât de plus graves désordres, ne crurent pas devoir s'y opposer.

Dans l'après-midi, des attroupements armés de haches et de bûches se portèrent chez MM. Naurissart, Mallet et Garaud. Toutefois, ils ne commirent aucun dégât et se bornèrent à demander du vin. Mais la situation n'était plus tenab'e pour M. Naurissart ; il se procura un passeport et quitta la ville. Sou impopularité rejaillit sur M. de Beaupeyrat.

Les jours suivants, l'agitation continua. Les 3 et 4 mars, la foule se porta à la maison du Refuge, où se réunissaient, d'sait-on, quelques prêtres in se mentés. Le second jour, les portes furent forcées et la fou'e se répandit dans l'étab issement. D s effets, des vivres, des assignats furent volés, une barrique de vin défoncée. La municipalité, prévenue, se transporta au Refuge, favorisa le départ des personnes qui s'y trouvaient et le lendemain ou mura les portes du couvent.

VI

C'en était fait : le parti modéré était vaincu à Limoges, et le règne de la Société Populaire commençait. Désormais l'influence échappait à la vieille aristocratie bourgeoise et passait aux mains de quelques hommes remuants qui, pour assurer leur domination sur la populace, se firent trop souvent 'es complaisants de ses caprices ou de ses mauvaises passions.

M. de Beaupeyrat, sentant que sa place n'était plus la, se retira du Conseil général comme il avait, quelque mois p'us tôt, quitté le Département. A la Société Populaire où, lors de son départ du Directoire, on avait proposé d'illuminer on se réjouit fort de le voir s'eloiguer des affaires, et peu de temps après, le club invita la municipalité à révcquer l'ancien maire des fonctions d'administrateur du collège, les seules qu'il eût conservée.

M. de Beaupeyrat dédaignait ces persécutions mesquines. Aussi bien son commerce réclamait-il tous ses soins. Par suite des difficultés qu'il éprouvait à obtenir de la ville le remboursement de ses avances, et des plaintes des expéditeurs qui, n'étant pas encore payés, s'adressaient tout naturellement à lui, le rendant, comme il l'était de fait, responsable d'engagements contractés en son propre nom, — son crédit, presque illimité naguère, avait beaucoup souffert. Contraint, pour faire honneur aux traites les plus pressantes, de se démunir de tous ses capitaux, il s'était trouvé complètement paralysé dans ses opérations de commerce, et ces embarras, ajoutés aux difficultés de tout genre qui résultaient des événements, lui créaient une situation qui ne laissait pas d'être inquiétante.

Rendu a ses affaires, le négociant s'efforça courageusement de parer à tout. Le produit des ventes de grains à son profit, autorisées par les membres de la municipalité à la suite du rapport de MM. Marc et Cramaille, en avril 1791 surtout, avait notablement diminué le chiffre de ses avances. De 267,171 liv. 15 s. 3 d. qu'elles atteignaient au 30 août 1790, elles avaient été ramenées, le 31 août 1791, à 215,527 liv. 8 s. 6 d. L'ancien maire toucha de nouvelles sommes à la fin de 1791 et dans les premiers mois de 1792. Tout compte fait, sa créance sur la ville fut définitivement liquidée, le 30 avril 1792, à la somme de 142,2 2 livres 15 sous.

Le 24 septembre suivant, M. de Beaupeyrat s'adressa au Conseil général, pour obtenir une somme de 10,451 livres qui lui était réclamée et dont il avait un pressant besoin.

La réponse fut sèche et peu encourageante. On invitait « le citoyen Beaupeyrat à se pourvoir auprès du Département. » Cependant, sur les observations du Directoire, le Conseil général consentit à céder au réclamant une créance de la ville sur le sieur Lingaud, receveur municipal, d'une valeur de 4,8 0 livres.

M. de Beaupeyrat insista. Il rappela dans quelles circonstances il avait mis son crédit au service de la commune, quelles promesses lui avaient été faites, quels engagements formels le corps de ville avait pris envers lui : la Municipalité ne les nia point, mais elle déclara que la caisse des subsistances était dans l'impossibilité de rembourser en ce moment une somme quelconque. Elle décida néanmoins qu'il serait procédé à une nouvelle vérification de la créance de M. de B aupeyrat et à un règlement définitif. Les comptes que produisit l'ancien maire furent très vivement critiqués par le Directoire du district, et il ne put obtenir ni argent ni reconnaissance régulière de la dette.

<h2 style="text-align:center">VII</h2>

Les représentants Borjas et Borie, envoyés par la Convention dans les départements de la Haute-Vienne et de la Corrèze, arrivèrent à Limoges le 17 mars 1793.

Ce jour-là même, le Comité de surveillance et la Société Populaire leur dénoncèrent vingt-neuf citoyens de la ville : MM. Naurissart, Pétiniaud de Beaupeyrat, Grellet, Mailhard de Lacouture, Joseph ournier père, Fournier fils, Parant, Lemy de Lachapelle, Georges Guibert, le trésorier Mathis-Chappé, Pierre Laforest, Ardant-Dupic, les chanoines Guibert et Larouverade, etc., comme se livrant à des menées qui compromettaient la sécurité des patriotes, et ayant tenté, au 27 février 1792, « de renouveler le camp de Jalès. » On demandait que ces citoyens fussent mis en état d'arrestation, « sauf à donner par la suite des motifs plus puissants et plus développés contre les mêmes individus. »

Les Représentants firent immédiatement arrêter tous ceux de ces « individus » qu'on put saisir. Voici en quels termes, dans leur rapport à la Convention (1), ils justifient cette mesure.

« L'opinion générale désignait Naurissart,
» ex-constituant, directeur de la Monnaie, et
» Péliniaud Beaupeyrat comme les ch·fs des
» troubles qui ont eu lieu en divers temps à
» Limoges ; motiver ici leur arrestation et celle
» des autres particuliers, ce serait prolonger,
» sans nécessité, le narré des faits. La dénon-
» ciation sera imprimée à la suite du rapport
» et elle justifiera *de reste* ces mêmes arresta-
» tions. Les autres pièces ont été renvoyées à
» la Convention par le procureur général de
» la Haute-Vienne, que nous avons chargé de
» faire apposer scellés et de faire faire ensuite
» inventaire des pièces suspectes. Il s'est trou-
» vé, lors de la levée des scellés, des corres-
» pondances avec les émigrés, et nous sommes
» instruits que le Comité de surveillance de
» la Convention a écrit à l'accusateur public
» de Limoges, pour traduire en justice les ci-
» toyens dont nous avons prononcé l'arres-
» tation. »

Ces correspondances avec les émigrés avaient été trouvées chez M. de Beaupeyrat. Nous allons voir en quoi elles consistaient.

Malgré les embarras de son commerce, mal-

---

(1) Rapport présenté à la Convention nationale par J. Borie, député de la Corrèz·, et P. Bordas, député de la Haute-Vienne, représen-

gré l'impossibilité où était la ville de tenir à son égard les engagements qu'elle avait pris, malgré le rude contre-coup de la crise que subissaient tous les négociants, M. de Beaupeyrat trouvait encore le moyen de faire du bien : plusieurs de ses amis, de ses parents avaient déjà pris la route de l'exil et erraient sans ressources à l'étranger. Il était généreusement venu à leur secours. Son humanité faillit le perdre.

On sait avec quelle délicatesse et avec quel respect des secrets des familles, la police s'exerçait alors. Toutes les lettres venant de l'étranger et trop souvent aussi les correspondances de l'intérieur, étaient saisies à la poste, décachetées, et parfois une phrase innocente, commentée par la haine ou la sottise, suffisait à perdre un honnête homme.

Un certain nombre de lettres adressées à M. Pétiniaud de Beaupeyrat furent interceptées ; quelques-unes faisaient allusion aux envois d'argent dont nous parlions tout à l'heure.

Il n'en fallut pas davantage ; on crut avoir enfin trouvé ce qu'on cherchait depuis si longtemps : le moyen de se débarrasser de M. de Beaupeyrat ; on tenait tout au moins un prétexte.

Les perquisitions qui eurent lieu au domicile de l'ancien président du Département et auxquelles fait allusion le passage du rapport des représentants que nous citons plus haut, fournirent la preuve certaine que M. de Beau-

tants du peuple, envoyés dans les départements de la Haute-Vienne et de la Corrèze pour le recrutement de trois cent mille hommes, — imprimé par ordre de la Convention nationale. — *De l'imprimerie nationale.*

peyrat avait envoyé de l'argent à des Français
réfugiés à l'étranger ; mais ces lettres étaient
de l'année 1791 et se rapportaient par consé-
quent à des envois antérieurs au décret qui
avait déf ndu toute correspondance avec les
émigrés.

Aussi le jury d'accusation devant lequel fut
traduit l'ancien maire de Limoges, déclara-t-
il qu'il n'y avait pas lieu à poursuites.

Les ennemis de M. de Beaupeyrat avaient
juré sa perte. Déçus une première fois dans
leur espérauce, ils ne lâchèrent pas pour cela
leur proie.

De nouvelles lettres furent saisies, aussi
peu convaincantes que les premières. Peu im-
portait. A l'accusation de correspondance avec
les émigrés, trop précisé et trop aisément ré-
futable, on ajouta la vague imputation d'incivisme ; on ré ssait cette fois à faire arriver la
cause devant le tribunal criminel.

Le 16 juillet 1793, Pétiniaud de Beaupeyrat
(1), Boysse et Georges Guibert, présents ;
Naurissart, Guibert, prêtre, Judet et Peyrinaud, ceux-ci contumax, sont traduits devant
le tribunal criminel du département, « sous

---

(1) Mis en état d'arrestation à domicile,
comme suspect, il avait été écroué le 25 juin à
la Maison de justice, ainsi que le prouve la
note ci-après :

« Sur la demande faite par le citoyen Gui-
» neau de son acte d'écrou et celui de sa ser-
» vante, en date du 14 frimaire, ensemble celui
» de *Jean-Baptiste Pétiniaud de Béaupeyrat,*
» Georges Guibert et Boysse, du 25 juin 1793
» (vieux style) ;
» Délibéré qu'ils lui seront délivrés après

» la prévention d'aristocratie, d'incivisme et
» de correspondance avec les émigrés, et par-
» ticulièrement Georges Guibert et Peyrinaud
» fils, de s'être opposés au recrutement. » Ils
furent défendus par M. Mousnier jeune, leur
« conseil officieux, »

Après des débats sur lesquels les documents
que nous avons pu consulter ne nous ont
fourni aucun détail, le jury rendit le verdict
suivant :

« Pétiniaud Beaupeyrat n'est pas convaincu
» d'avoir envoyé de l'argent aux émigrés, pos-
» térieurement au 9 mai 1792.

» Guibert et Peyrinaud ne sont point con-
» vaincus d'avoir formé, dans un attroupe-
» ment, une opposition au recrutement.

» La présence ou l'incivisme de Pétiniaud,
» Naurissart, Judet, prêtre ; Guibert, prêtre ;
» Boysse et Georges Guibert sur le territoire
» de la République, n'a pas été un sujet de
» trouble ni d'agitation. »

En conséquence, les trois accusés qui se
trouvaient détenus à la Maison de justice, furent acquittés et mis sur-le-champ en li-
berté.

M. de Beaupeyrat, à la suite de ce jugement,
resta quelques semaines à Limoges ; mais
surveillé, épié, suspect, dénoncé tous les soirs
à la tribune de la Société Populaire, il se trouvait sans cesse menacé d'être de nouveau jeté
en prison. Son acquittement avait causé aux
chefs du club un désappointement qu'ils ne
cherchèrent pas à dissimuler et nous dirons
plus loin sur qui ils firent retomber leur colère,

» avoir collationné les registres de la maison
(» d'arrêt de la commune de Limoges. » (*Séance du Conseil général du 5 germinal an II.*)

quand ils eurent vu leur victime leur échapper.

Obligé de quitter sa maison, où il n'était plus en sûreté, l'ancien maire de Limoges passa plusieurs jours caché dans un des couvents abandonnés de la ville. Recherché de nouveau par le Comité de surveillance pour être incarcéré en même temps que les autres suspects, il réussit à sortir de Limoges pendant la nuit et put gagner R'om, d'où il envoya aux autorités révolutionnaires des certificats de résidence qui ne furent pas accueillis. Il se décida enfin à sortir de France. Ce fut en Suisse qu'il se réfugia. Il y attendit la fin de la crise révolutionnaire, et, malgré la modicité de ses ressources, il trouva encore, à l'étranger, le moyen de rendre des services à des compagnons d'exil plus malheureux que lui.

Le frère de M. Pétiniaud de Beaupeyrat dînait un jour à l'hôtel, dans une petite localité de l'extrême frontière. Il eut ocasion de décliner son nom. Le maître d'hôtel tressaillit : « Pétiniaud ! c'est un nom que jamais je n'oublierai, s'écria-t-il. Il y a quelque temps, un monsieur est passé ici : il avait un passeport portant un autre nom, dont je ne me souviens pas ; mais quand je lui présentai mon registre, il signa : Pétiniaud. Je compris sa situation. Il y avait plusieurs personnes dans la salle. Je poussai le bras du voyageur. — Malheureux, lui dis-je à voix basse, vous allez vous perdre... Il répara aussitôt son imprudence, me remercia d'un regard et partit. » (1)

---

(1) Nous tenons cette anecdote de M. P. Pétiniaud, secrétaire de la Chambre de commerce.

Cet imprudent était M. Pétiniaud de Beaupeyrat. Qui lui eût dit, à l'époque de sa pros-
périté, qu'un temps viendrait où il lui faudrait
cacher son nom !

La vie de M. de Beaupeyrat était sauvé,
mais ses biens payèrent pour sa personne. Sa maison fut envahie, ses registres brûlés,
ses magasins pillés. Ce qu'on ne vola pas fut
vendu comme propriété nationale.

La fortune de Pétiniaud « le riche, » comme
on l'avait surnommé, consistait, pour une
grande partie, en immeubles ; outre l'hôtel
qu'il habitait, rue Ferrerie, il possédait une
autre maison à Limoges, les deux évaluées à
100,000 livres ; le domaine de Beaup'yrat, avec
une maison de maître, deux jardins, du bé-
tail, etc., le tout estimé 60,000 livres, lui appartenait ; il avait en outre, à La Bourgade,
près Saint-Hilaire-Bonneval, p'usieurs domaines
dont la valeur n'était pas moindre de 15),000
liv es, et un vignoble de 6,0.0 livres dans la
commune de Verneuil.

Un arrêté du Département, en date du 2 ni-
vô e an II rendu sur l'avis du Directoire du
district, ordonna le séquestre de ces biens
« pour être en uile affermés ou vendus, s'ils
» ne l'ont déjà été, » dit c document.

Tous furent vendus, sauf l'hôtel de la rue
Ferrerie, sur lequ l Mme Pétiniaud mère con-
servait certains droits ; le prix total d'acqui-
sition dépassa 2)0,000 livres (1).

Là ne s'arrêta pas le ressentiment des ennemis de l'ancien maire de Limoges. Le 20 flo-

---

( ) Nous avons relevé une indication d'un
autre genre dans le registre de correspon lan-
ce du Comité de surveillance. Ce Comité, par

réal an II, le Comité de surveillance lança un
mandat d'arrêt contre Mme de Beaupeyrat
mère. Sa belle-fille fut plusieurs fois menacée de mort. La Société Populaire requit le
Directoire départemental de « retirer à la fem-
» me Beaupeyrat la carte de non suspicion qui
» venait de lui être délivrée » (23 septembre).
Elle obtint même la mise en état d'arrestation
de la digne compagne de l'ancien président
du Département, qui fut traduite devant le
tribunal criminel et retenue longtemps en
prison.

Ce n'était pas assez. Tout ceux qui, d'une
façon quelconque, avaient contribué à trom-
per l'attente des ennemis de M. de Beaupeyrat, furent l'objet des persécutions de la Société
Populaire et des Comités recrutés en grande
partie dans son sein.

Malgré les éclaircissements donnés à la tribune de la Société, les jurés furent mis en
suspicion. On prétendit qu'ils avaient été
choisis, que leurs noms étaient connus avant
le tirage. Deux commissaires furent chargés
de relever la liste des citoyens désignés pour
siéger le 16 juillet.

---

une lettre du 4 pluviose an II, transmit au
district deux lettres de change au nom de M.
de Beaupeyrat, datées de Londres, 27 août
1793, et montant, l'une à 7,410 livres tournois, l'autre à 6,000 livres ; toutes les deux
trouvées dans les papiers du précédent Comité.
— Deux autres pièces accompagnaient cet
envoi : un procès verbal du Comité de surveillance de Riom, et un compte d'un sieur
Crosnier, « chez qui était logé M. de Beaupeyrat. »

Un des membres de la Société présenta, le 28 août, un rapport sur l'affaire et donna lecture, s'il faut en croire le procès-verbal, d'une lettre datée d'Amsterdam, 30 mars 1793, et adressée à M. de Beaupeyrat, prouvant clairement « que cet ennemi de la Révolution » ayait fait passer des fonds aux émigrés. » Mais à quelle époque ? Voilà ce qu'il s'agissait d'établir, et le procès-verbal se tait sur ce point.

Un autre s'étonna que Beaupeyrat n'eût pas été mis hors la loi; un troisième attaqua le tribunal lui-même, dont le rôle s'était borné cependant à appliquer le verdict du jury. Enfin, on convint que toutes les pièces relatives à l'affaire seraient remises à Brival, alors en mission dans la contrée, et qu'on l'inviterait à en faire le rapport à la Convention.

Le représentant était présent à la séance de la Société Populaire du 30 août. On lui communiqua deux lettres dont il fit part à la Société et qui, dit-i', établissaient complétem nt la culpabilité de Beaup yrat. Aussi manifesta-t-il sa surprise de c que celui-ci eût été acquitté. Il ne se l'expliquait que par la précaution qu'on aurait que de choisir les jurés parmi les aristocrates.

Mais on alla plus loin : on prétendit qu'une lettre prouvant clairement les intelligences de l'ancien maire avec les émigrés (1), avait été

---

(1) Cette lettre, antérieure au décret de mai 1792, contenait ces mots : « Nous craignons » beaucoup pour vous, que votre complaisan- » ce à obliger les émigrés ne vous devienne » fatale, ainsi qu'à nous, par la variation du » change.

soustraite de son dossier, et on accusa le président du tribunal criminel, Dumas, de l'avoir enlevée.

Celui-ci eut beau faire remarquer qu'il avait lui-même donné lecture de la lettre pendant le procè, à plusieurs personnes, ce qui eût été absurde de la part d'un homme ayant l'intention de faire disparaître cette pièce de conviction ; il eut beau établir que le duplicata remis au Comité de salut public, où il n'était pas allé depuis longtemps, avait également disparu : on n'écouta pas sa défense, et il fut mis en état d'arrestation. Un arrêté du représentant Lanot, en date du 14 frimaire an II, suspendit l'accusateur public de ses fonctions et ordonna son dépôt immédiat à la Maison d'arrêt, où il fut mis au secret. Pareille mesure fut prise contre le greffier du tribunal crimin l.

Le 1er thermidor an II, le Comité, qui prend alternativement le nom de Comité de surveillance et de Comité de salut public, considérant « qu'il importe infiniment à la Révolution que » tous ses ennemis soient anéantis ;

» Considérant que le Comité, depuis son ins-
» tallation, a senti l'impérieuse nécessité d'ac-
» quérir les preuves des trames liberticides
» qui ont été ourdies à Limoges, particulière-
» ment les 27 et 28 février 92, par les Nauris-
» sart, les Beaupeyrat, maintenant émigrés, et
» leurs adhérents ; qu'en conséquence il a fait
» à diverses reprises les plus vives invitations
» à la Société Populaire, tendant à ce que tous
» les citoyens qui seraient imbu s de quelqu
» chose à cet égard, vinssent en faire leur dé-
« claration au Comité,

» Arrête :
» Le président du Comité est chargé d'invi-
» ter itérativement, ce soir, à la tribune de la

» Société Populaire, tous les citoyens de venir
» faire la déclaration de ce qu'ils peuvent sa-
» voir sur les machinations liberticides qui ont
» eu lieu dans cette commune, et spéciale-
» ment sur la conspiration de Naurissart,
» Beaupeyrat et adhérents, qui fut déjouée par
» le peuple les 27 et 28 février 1792. »

Cet appel resta, croyons-nous, sans eff t, à
l'égard de M. de Beaupeyrat du moins. Quant
aux suspects laissés a Limoges, et parmi
lesquels figurait Georges Guibert, un des
co-accusés de Pétiniaud de Beaupeyrat, acquitté
avec lui par le Tribunal criminel, — i's furent
transférés à Tulle, où, à leur arrivée, les patriotes de la ville leur offrirent le spectacle
d'une exécution.

IX

La France fut enfin délivrée des sanglants
héros de la Terreur. Débarrassé de cet horrible
cauchemar, le peuple ouvrit les yeux et maudit
l s crimes dont sa lâche complaisance l'avait
si long'emps rendu le complice. Dans beaucoup de villes la réaction fut signalée par des
violences. A Limoges, elle débuta par un acte
de justice.

Cette misérable population, que M. de
Beaupeyrat avait sauvée de la faim et qui
avait récompensé son dévouement par d'odieu-
ses persécutions, rougit enfin de sa conduite à
l'égard de celui dont trop de générosité avait
é'é le seul crime. Des pétitions, dont l'une
etait couverte de plus de 800 signatures (1),

---

(1) On a prétendu que beaucoup dé ces signatures avaient été obtenues par l'intimidation ; à
notre connaissance, une seule protestation de
ce genre se produisit : uu des administrateurs
d e la Commune déclara, en pleine séance du

furent adressées à la Convention, au Département, au corps municipal, à l'effet d'obtenir
'a radiation de M. de Beaupeyrat de la liste des
émigrés et le paiement de la dette contractée
envers lui par la ville. La famille et les nom-
breux amis de l'ancien maire de Limoges, ne
perdirent pas un instant pour mettre à profit
ce retour de l'opinion publique.

A la séance du Conseil général du 17 prairial an III, il fut donné lecture d'une pétition
de M. Guérin aîné, gendre de M. Pétiniaud de
Beaupeyrat, retraçant la conduite de celui-ci
dans des années difficiles, son dévouement,
ses sacrifices, ses malheurs, les persécutions
dont il avait été l'objet dans sa ville natale
et qui l'avaient contraint de fuir. M. Guérin
entendait simplement que le Conseil général
constatât ces faits par un certificat : « C'est
» un hommage, disait-il, que je vous deman-
» de de rendre à la vérité. »

A ces mots, des applaudissements éclatèrent
dans les galeries où se pressait la foule. On
sait que les séances des corps administratifs
étaient publiques.

Le maire alors se leva et prit la parole ; sur
sa proposition, le Conseil décida que la pétition
de M. Guérin serait, durant trois jours, dépo-

---

corps municipal, le 11 ventôse an IV, n'avoir
signé une pétition en faveur de la rentrée de
M. de Beaupeyrat que pour se soustraire aux
mesures que prenait alors l'autorité contre les
hommes de la Terreur. Deux autres personnes
écrivirent qu'elles avaient signé, sans la lire,
une pétition ; que « si celle-ci avait pour but
d'attester le civisme de M. de Beaupeyrat depuis la Révolution, » elles se rétractaient.

sée sur le bureau du Conseil général, qu
communication en serait donnée à tout requé-
rant et que les citoyens se trouvant en mesure
de fournir quelque renseignement relatif aux
faits imputés naguère à M. de Beaupeyrat seraient priés de les consigner afin d'éclairer la
religion du Corps municipal ; que, de plus,
pendant ces trois jours, lecture de cette pétition serait faite à toutes les séances, et les citoyens des galeries invités chaque fois à faire
connaître leur avis.

« A l'instant, et d'un mouvement spontané,
» tous les citoyens des tribunes ont élevé leur
» voix pour témoigner leurs regrets sur l'ab-
« sence d'un citoyen qui n'eut d'autre ambi-
» tion que celle de se rendre utile à ses conci-
» toyens en faisant pour eux tout ce que l'a-
» mour du bien pouvait lui inspirer. Ce témoi-
» gnage d'estime et de reconnaissance envers
» le citoyen Pétiniaud, s'est fait entendre à tra-
» vers les applaudissements. »

Le lendemain, nouvelle lecture, nouveaux
témoignages de sympathie de la part des galeries.

Le 19 la même scène se reproduit : « un cri
» général se manifeste et demande le retour du
» citoyen Jean-Baptiste Pétiniaud dans ses
» foyers. »

Le Conseil général prend alors la délibération suivante :

« Le Conseil général de la commune, par
» son arrêté du 17 courant, ayant délibéré
» qu'avant de certifier les faits mentionnés en
» la pétition présentée en faveur de Jean-
» Baptiste Pétiniaud, ladite pétition demeure-
» rait déposée sur le bureau pendant trois
» jours pour que chaque citoyen pût en pren-
» dre connaissance à l'effet de fournir les faits

» qui pourraient être à la chrrge du dit Péti-
» niaud, comme aussi qu'à chaque séance lec-
» ture on serait renouvelée :
» Considérant que ces trois jours se sont
» écoulés sans qu'aucun citoyen se soit pré-
» senté pour donner des renseignements à la
» charge du citoyen Pétiniaud ;
» Considérant qu'à chaque séance le vœu
» général des citoyens s'est prononcé par les
« plus vifs applaudissements pour son retour
» dans ses foyers, et voulant rendre hommage
» à la vérité des faits qu'il reconnaît cons-
» tants,

» ARRÊTE, sur ce ouï le procureur syndic.

» Qu'expéditions des procès-verbaux des
» séances des 17, 18 et 19 de ce mois seront
» délivrées, pour servir et valoir ce que de
» droit. »
Le 23 prairial, le Directoire du district for-
mula, en termes bizarres et emphatiques d'ailleurs, un avis favorable à la rentrée de l'ancien maire de Limoges dans ses foyers.
Un arrêté du Comité de Législation du 7
messidor an III, réintégra enfin M. de Beaupeyrat dans la jouissance de ses droits et
propriétés, ordonna que le séquestre mis sur
ses biens serait levé et que ce qui était
encore sous la main de la nation lui serait
restitué, à la diligence de l'agent national du
district de Limoges.
Cette nouvelle, annoncée au Conseil général
dans la séance du 15 messidor, par M. Pétiniaud Juriol, fut accueillie par les plus cha-
leureuses marques de satisfaction. Trois semaines plus tard, le 6 thermidor, M. de Beaupeyrat, que son gendre était allé chercher en
Suisse, se présentait lui-même, porteur de

l'arrêté du Comité de législation, dont il sol-
licita l'inscription sur les registres de la Municipalité.

X

Mais la réparation devait rester, hélas ! in-
complète. Les biens de M. Pétiniaud étaient
vendus ; une partie de ces biens avaient été
achetés par des amis, qui les rétrocédèrent à
leur ancien propriétaire, et il fut fait remise
de la portion du prix d'achat qui restait encore à payer ; mais le passif de M. de Beaupeyrat é ait considérable : ses créanciers avaient
tous des titres réguliers ; lui, au contraire, ne
pouvait reconstituer son actif qu'à l'aide de
ses souvenirs et de quelques documents échap-
pés au naufrage. Ses livres de commerce
avaient été brû és, sa correspondance disper-
sée, ses magasins mis au pillage ; beaucoup
de papiers importants, de reconnaissances,
d'obligations, de billets, avaient disparu lors
des perquisitions ordonnées par le Comité de
salut public et les Représentants en mission.
Le courageux négociant tenta de relever sa
maison et il put un moment espérer d'y par-
venir. Il alla se fixer à Bordeaux et, pendant
près de six ans, il lutta contre la mauvaise
fortune opiniâtre : levé dès trois heures du
matin, menant la vie la plus laborieuse
et la plus rude, s'imposant les plus dures
privations. — Il parvint à diminuer son
passif de 96,000 francs ; mais les intérêts
énormes qu'il avait à payer l'écrasaient.
Il avait espéré obtenir le remboursement
des sommes qui lui étaient encore dues
sur le montant des avances faites par lui à la
ville pendant la durée de son administration,

et dont l'Etat était devenu son débiteur, par suite de la substitution résultant de la loi du 24 août 1793 ; ses démarches demeurèrent sans résultat. Pendant qu'il sollicitait en vain le payement de cette dette, il était lui-même pressé par ses propres créanciers. Parmi ceux-ci figuraient plusieurs des négociants étrangers auxquels il s'était adressé, en 1789 et 1790, pour faire venir les grains nécessaires à l'approvisionnement de Limoges.

Il dut enfin reconnaître l'inutilité de ses efforts et l'impossibilité de faire face à un trop lourd passif. Le 10 thermidor au X, il déposa son bilan.

Ses créanciers, qui rendaient justice à ses efforts, lui témoignèrent autant d'estime que de sympathie. La grande majorité d'entr'eux signèrent, le 12 thermidor, un traité par lequel, considérant « que l'excédant du passif » de leur débiteur devait être attribué à des » circonstances que la plus grande prudence » ne pouvait prévoir, et qu'il était l'effet des » malheurs inouïs qui avaient poursuivi ce » négociant, » ils consentaient à une réduction de 80 p. 0|0 du capital de leurs créances. Celles-ci s'élevaient ensemble à 141,627 fr. 77 sur un passif total de 151,000 francs.

Un jugement du tribunal de commerce de Bordeaux, du 21 thermidor au X, homologua ce traité et ordonna le mainlevée des scellés apposés sur les magasins et comptoirs de M. Pétiniaud de Beaupeyrat.

A la suite de ce désastre, le malheureux négociant accepta, dans une importante maison de Bordeaux, un emploi secondaire, dont les modestes émoluments le firent vivre pendant quelques années. Il succomba à une attaque d'apoplexie, en 1808. Il était âgé de 64 ans. Cet homme qui avait été à la tête d'un commerce immense, qui avait rempli dans sa ville natale les plus hautes fonctions, l'ancien maire de Limoges, l'ancien président de l'administration départementale de la Haute-Vienne, mourut simple commis, oublié, obscur, presque pauvre, triste, mais résigné et n'emportant qu'un regret, celui de n'avoir pu payer ses créanciers.

Quelques mois avant sa mort, pourtant, il avait eu une lueur d'espoir : le Conseil municipal de Limoges, invité, en 1807, par le ministre de l'intérieur, à dresser le tableau des dettes de la commune, avait insisté pour que l'Etat se décidât enfin à rembourser M. de Baupeyrat.

« Parmi les créanciers de la ville, était-il
» dit dans le rapport présenté au Conseil mu-
» nicipal par sa commission à la séance du
» 10 avril, nous avons distingué et nous vous
» proposons de recommander plus particuliè-
» rement à la bienveillance du gouvernement
» M. Pétiniaud Beaupeyrat, qui se trouve
» créancier de la somme de 142,032 liv. 15 s,
» 11 d. en capital, en vertu de la délibération
» précitée (1), d'après laquelle tous les biens
» des habitants de la ville, du clergé, des no-
» bles et privilégiés furent affectés pour sûreté
» de ses avances et garantie de leur rembourse-
» ment.

» Ce citoyen, alors maire de Limoges, était
» à la tête d'un commerce florissant et étendu.
» Il se chargea d'arracher aux horreurs de la
» famine la ville et la province qui manquaient
» de subsistances. Il en fit venir de l'étran-
» ger et eut le bonheur de sauver son pays,

____

(1) Celle du 30 avril 1792.

» mais aux dépens de sa propre fortune. En
» transmettant au gouvernement, et en recom-
» mandant à sa justice et à sa loyauté la ré-
» clamation de ce généreux et infortuné cito-
» yen, le Conseil ne fait que payer à M. Péli-
» niaud le tribut de la reconnaissance due à
» d'éminents services et exprimer le vœu bien
» prononcé d'une population nombreuse ren-
» due à la vie par le sacrifice de tout ce qu'un
» négociant a de plus cher et de plus sacré.

» Le Conseil, pénétré de la vérité des obser-
» vations des commissaires relatives à M. Péli-
» niaud Beaupeyrat, adopte à l'unanimité la
» proposition de recommander plus particu-
» lièrement à la bienveillance du gouverne-
» ment M. Péliniaud Beaupeyrat, dont le dé-
» vouement pour le salut de son pays mérite
» cet acte de justice. »

Mais cet appel « à la justice et à la loyauté
du gouvernement » resta sans effet.

XI

1814 arriva. Madame de Beaupeyrat, en son
nom et au nom de ses quatre filles, adressa
à Louis XVIII une supplique en vue d'obtenir enfin le remboursement de ce qui était dû
à son mari. M. Guérin, son gendre, remit lui-
même une pétition dans le même sens au
ministre de l'intérieur. Le préfet, consulté,
exprima, dans un rapport du 16 novembre
1816, le vœu que le gouvernement soldât cette
créance. « Les enfants de M. de Beaupeyrat,
» ajoutait-il, ne soupirent après le payement
» des sommes dues à leur père que pour faire
» honneur aux dettes qu'il n'a pu lui-même
» acquitter. »

A plusieurs reprises la municipalité, le préfet et la famille revinrent à la charge. Mais le

ministre se retranchait derrière les difficultés qu'avait fait naître l'application de la loi du 24 août 1793, relative aux dettes des communes, et que le Conseil d'Etat, appelé à les examiner, n'avait pas encore tranchées. Tantôt aux réclamations des héritiers de l'ancien maire de Limoges, il opposait la prescription ; tantôt il prétendait que la dette s'était éteinte par confusion, tous les droits de M. de Beaupeyrat ayant, lors de la confiscation, passé à l'Etat, et celui-ci étant devenu son propre créancier, puisque la loi l'avait d'un autre côté substitué, comme débiteur, à la commune de Limoges.

En 1823, la famille de Beaupeyrat n'avait encore rien obtenu, pas même une promesse, pas même une espérance. Les créanciers réclamèrent de leur côté auprès du gouvernement. Ils ne furent pas plus heureux. L'administration municipale et le Conseil montraient les meilleures dispositions ; mais ils hésitaient à revendiquer pour la ville une dette que la loi avait formellement imposée à l'Etat et dont le remboursement eût pour de longues années grevé le budget communal.

Madame de Beaupeyrat s'adressa au Conseil général. Dans la pétition qu'elle fit remettre, en 1823, au président de cette assemblée, elle demandait que le Conseil « émit un vote sur » la lég timité de la créance et manifestât tout » le désir qu'éprouvait le département de voir » solder une telle dette. »

Cette requête fut lue dans la séance du 17 juin 1823, et le Conseil général prit la délibération suivante :

« Le Conseil se fait un devoir d'attester, » l'exactitude de tout ce qui est exposé ;

» Le crédit personnel du sieur Beaupeyrat,
» maire de Limoges en 1789, sauva seul la
» ville entière des horreurs de la famine dont
» elle était menacée.

» Les malheurs de Péliniaud-Beaupeyrat
» sont unis par les plus respectables traditions
» à toutes les vertus ; le même souvenir qui
» rappelle toutes les persécutions et toutes les
» infortunes qu'il éprouva, comme citoyen
» privé, rappelle toute l'estime dont il fut en-
» vironné comme fonctionnaire, et tous les
» biens qui découlèrent de sa sage adminis-
» tration, de son zèle, de son activité et de son
» noble caractère, dans toutes les circonstan-
» ces difficiles et périlleuses.

» Le Conseil vote à l'unanimité l'insertion,
» dans son procès-verbal, de ce témoignage
» en faveur d'un homme de bien, et supplie le
» gouvernement paternel du Roi de le consi-
» dérer comme l'expression du vœu le plus
» pressant, pour que les enfants de cet hono-
« rable fonctionnaire et ses créanciers récu-
» pèrent une dette qui prit sa source dans le
» sentiment le plus généreux et le plus noble
» dévouement pour son pays et ses concito-
» yens. »

Les instances du Conseil général n'eurent
pas plus d'effet que celles du Conseil municipal et des administrateurs qui s'étaient suc-
cédé à la tête du département. Le silence obs-
tiné du Ministre faisait un devoir à la ville de
sortir de ses hésitations. Elle le comprit, et ne
recula pas plus longtemps devant un sacrifice
qui devait l'honorer.

Dans la séance du 8 mai 1824, M. Lamy
jeune rappela « au souvenir du Conseil et à la
reconnaissance des habitants, » la généreuse

conduite, le dévouement de M. de Beaupeyrat, et la dette contractée envers lui : « L'honneur de tous les habitants de Limoges, dit-il, est intéressé à l'acquittement d'une dette aussi sacrée. » Il concluait en demandant : 1º que le Conseil invitât le Maire à se réunir à la famille Beaupeyrat pour solliciter du gouvernement le paiement de la créance dont elle réclamait le remboursement ; 2º que, dans le cas où ce paiement ne serait point effectué dans l'année, le Conseil déclarât communale la créance, sauf à prendre ultérieurement des mesures pour la solder.

Une commission fut nommée pour étudier l'affaire ; elle se composait de MM. de Roulhac Maurensanne et Lamy jeune. — M. de Roulhac, décédé, fut remplacé, le 21 février 1825, par M. Dumont Saint-Priest qui, à la séance du 20 août suivant, déposa son rapport, concluant à la revendication formelle, comme charge communale, de la créance Beaupeyrat.

Les conclusions de ce rapport furent adoptées par le Conseil. Quelques passages des considérants sur lesquels s'appuie cette délibération, méritent d'être reproduits ;

« Si l'on ne regardait que l'intérêt matériel
» de la commune, y était-il dit, on rejetterait
» la demande des héritiers Beaupeyrat ; mais
» il est des considérations d'un autre ordre,
» bien plus puissantes : la justice est le fon-
» dement de toute société... Dans une ville es-
» sentiellement commerçante et distinguée par
» la loyauté de ses négociants, l'espèce de
» banqueroute faite à la famille Beaupeyrat est
» un scandale public aussi affligeant pour la
» morale que dangereux dans ses conséquen-
» ces... S'il importe à la ville de Limoges d'a-

» voir une dette de mo ns, il lui importe bien
» davantage de donner l'exemple de la probité
» publique, d'où dépend la probité privée, et
» de fonder ainsi son crédit par le seul accom-
» plissement du devoir le plus rigoureux, celui
» d'acquitter une dette véritablement sacrée.

!» LE CONSEIL, adoptant à l'unanimité les
» conclusions de sa commission, est d'avis
» que la créance des héritiers Beaupeyrat soit
» reconnue dette de la commune et que Sa Ma-
» jesté soit suppliée d'accorder l'autorisation
» d'en solder le capital dans les termes et le
» mode qui seront ultérieurement déterminés. »

Voilà de nobles, de belles paroles, et qui
valent la peine d'être citées. Elles devraient
être inscrites en lettres d'or dans la salle des
délibérations du Conseil municipal de Limoges, dont les échos sont, hélas ! peu habitués
aujourd'hui à entendre un pareil langage. De
tels sentiments honorent, avec l'assemblée qui
les exprime, la population que représente cette
assemblée. Les noms des citoyens qui prirent
part à la délibération du 20 août 1825 ne doi-
vent pas être oub iés : le procès-verbal men-
tionne ceux de MM. Lasserre, J. Lamy jeune,
de Sardent, Pétiniaud-Desmonts, Rogues,
Chaisemartin, Disnematin-Desalles, Francez,
Duboys-Lombardie, Noualhier, Bourdeau des
Vazeix, de Beaubreuil, Theurey, Dumont Saint-
Priest, Barbou et de Villelume.

« La ville, » disait quelques mois plus tard,
faisant allusion à ce vote, M. Alluaud, membre du Conseil municipal, dans le rapport
qu'il présenta à la séance du 23 juin 1826, au
nom de la commission chargée de proposer les
voies et moyens pour le payement des dettes
de 1793 et 1795, « a une autre dette à laquelle

» le Conseil pouvait sans doute opposer la
» prescription, soit qu'elle fût considérée com-
» (me dette nationale ou comme dette commu-
» nale, si l'origine en eût été moins sacrée, si
» l'honneur et l'équité qui en proclamaient la
» légitimité, si l'intérêt qu'inspirent les mal-
» heurs de son créancier, ne lui avaient fait
» prendre la généreuse détermination de solli-
» citer l'autorisation de l'acquitter. »

XII

Une décision ministérielle du 26 juillet 1826,
rendue sur l'avis des comités de l'intérieur et
du commerce, approuva la délibération du 20
août et déclara dette communale la créance
Beaupeyrat. Le ministre justifiait au surplus,
au point de vue administratif, le vote du Conseil municipal de Limoges, par cette considé-
ration que la levée d'une contribution extraordinaire ayant été en principe stipulée par le
corps de ville, en 1789, pour le remboursement
de la créance en question, celle-ci se trouvait,
en vertu de l'art. 84 de la loi du 24 août 1793,
soustraite par cette circonstance particulière, à
l'effet de la mesure générale qui avait mis les
dettes des communes à la charge de l'Etat.

Une nouvelle commission fut chargée par
le Conseil municipal de procéder à la liquidation définitive de la créance ; elle se composait
de MM. Dumont Saint-Priest, Alluaud, Lasserre, Francez et Boucheron. Elle présenta son
rapport à la séance du 17 mars 1827.

A défaut des pièces de comptabilité produi-
tes en 1790 par M. de Beaupeyrat, adressées
le 8 nivôse an II par la municipalité au district et transmises par ce dernier au directeur
général de la liquidation, à Paris, la commission proposa d'admettre le règlement fait le 30

avril 1792 par la municipalité et approuvé par le liquidateur général, le 4 fructidor an VII. Ce règlement fixait à 142,232 livres 15 sous 11 deniers tournois la somme restant due à M. de Beaupeyrat sur le montant de ses avances. Une réduction de 200 livres avait été ultérieurement opérée, nous ne savons pour quel motif, et le chiffre définitif admis par le liquidateur général était de 142,032 livres 15 sous 11 deniers tournois, représentant en monnaie décimale, une somme de 140.257 fr. 35.

Cette base fut adoptée.

Comme moyen de remboursement, la commission proposait de recourir à une contribution additionnelle et de rembourser la créance en dix annuités.

L'assemblée écarta ce système, à cause des réclamations que soulevait déjà le chiffre très élevé des impôts directs. On adopta la motion faite par un membre du Conseil, d'échelonner le paiement sur quinze exercices, ce qui permettrait de l'effectuer avec les ressources normales de la commune.

Il fut décidé que la première annuité serait payée en 1828, qu'elle comprendrait, outre le premier quinzième du capital de la créance, les intérêts de la totalité de la dette à partir du 1ᵉʳ janvier 1826 ; que chaque année il serait payé, en même temps qu'un quinzième du capital, les intérêts de la somme restant à rembourser ; enfin, que des coupons réguliers d'obligation à ordre, détachés d'un registre à souche, seraient délivrés aux ayants droit, comme cela avait été fait pour les créances des emprunts de 1793 et 1795.

Le Conseil arrêta en outre que les annuités de remboursement de la créance Beaupeyrat

seraient portées au budget de la ville, au titre
des dépenses extraordinaires, par préférence à
toute autre dépense de même nature.

Nous devons ajouter que plusieurs objec-
tions se produisirent contre l'adoption de c s
mesures et que le Conseil municipal, unanime
sur le principe, se divisa sur le mode d'exécution de la délibération du 20 août. L'ensemble
de la délibération ci-dessus ne fut voté que
par une majorité de 13 voix sur 21.

La délibération du 17 mars 1827, approuvée
par l'administration supérieure, reçut sa pleine et régulière exécution. La quinzième
annuité de la dette Beaupeyrat fut soldée en
1842.

Ce remboursement permit à la famille de
désintéresser intégralement tous les créanciers
de l'ancien maire de Limoges. Elle ne détour-
na rien de cette destination sacrée. Les filles
de M. de Beaupeyrat ne furent pas riches ;
mais elles avaient religieusemsnt accompli le
dernier vœu de leur père mourant.

Quelques indications, recueillies au cours
de nos études sur les événements de la pério-
de révolutionnaire à Limoges, nous ont suggé-
ré la première idée de la notice que nous pu-
blions aujourd'hui. Les recherches qu'elle a
coûtées n'ont pas été sans compensation. Outre
le plaisir qu'on éprouve toujours à raconter
un trait généreux et à rappeler un beau dévouement oublié, l'auteur a trouvé à ce travail
un attrait tout particulier. C'était presque un
devoir d'amitié dont il s'acquittait, et de tels
devoirs sont toujours doux à remplir. — Petit-
fils d'un homme honoré, malgré sa jeunesse,
de l'affection de M. Péliniaud de Beaupeyrat,
nous avons souvent entendu unir ces deux
noms dans le même sympath'que souvenir ;

nous les avons vu plus d'une fois, dans les journaux démagogiques, dans les documents émanés des autorités de l'époque ou des Sociétés populaires, couverts d'une commune insulte, et sur les registres du Comité de surveillance de Limoges, nous trouvons, dans l'énumération des griefs qui amenèrent la mise en état d'arrestation de Georges Guibert et sa comparution devant le tribunal criminel révolutionnaire, la phrase suivante : « Ses re-» lations sont avec les aristocrates les plus » connus de la commune, notamment avec » Beaupeyrat et autres mauvais citoyens. »

Plût à Dieu que notre chère ville de Limoges possédât beaucoup de mauvais citoyens comme Pétiniaud de Beaupeyrat !

Limoges. — Imprimerie L. BOYER